अभिव्यक्त

You remind me of someone

Abhijeet Jagtap

BookLeaf Publishing
India | USA | UK

Made with ❤ on the BookLeaf Publishing Platform
www.bookleafpub.in
www.bookleafpub.com

Dedication

Dedicated to The late Mr. Kiran More sir who was my English subject teacher while I was studying in high school.

It is said that teachers build the country. Whatever I can write today is because of The late Mr. Kiran more sir. Because, it was because of him that I developed a love of reading while I was in school. And a person can write only when that person's reading is profound..!

Preface

It is not possible to define love, but I felt it was possible to write a love poem, hence this writing challenge..! The purpose behind writing poetry in particular, and that too a love poem, is that poetry expresses any emotion in a few words but very effectively.

And I thought, if I'm supposed to be able to write love poems, why should I keep them to myself? I'd rather share them with the world than do that.

Acknowledgements

I owe many thanks to Bookleaf publishing for giving me an opportunity to publish my first 'Anthology of poetry'.

1. तुम मुझे किसीकी याद दिलाती हो..

तुम मुझे किसीकी याद दिलाती हो
मेरी इजाजत के बिना मेरी निंद को
तुम अपनी गोद मे क्यूँ सुलाती हो?
तुम्हारा मुझसे कोई काम तो नही होता
तो फिर बेवजह मुझे अपने दिल मे क्यूँ बुलाती हो?
तुम मुझे किसीकी याद दिलाती हो..
याद आकर तुम मुझे क्यूँ उलझाती हो?
आओ आओ,
मुझे तुम अकेलेपन से राहत दिलाती हो..
तुम मेरे साथ हो इस बात का,
हमेशा दिलासा दिलाती हो..
तुम मुझे किसीकी याद दिलाती हो
खुश देखना चाहती हो मुझे हर वक्त,
तो मुझे बार बार क्यूँ रुलाती हो?
नफरत करती हो तुम मुझसे,
तो फिर मुझे अपने गले क्यूँ लगाती हो?
तुम मुझे खामखां इतना क्यूँ सताती हो?
मुझे तुम्हारे होठों से गुलाबी जाम क्यूँ पिलाती हो?
अब तो बताओ, मुझे तुम इतना क्यूँ तडपाती हो?

तुम मुझे किसी की याद दिलाती हो..
मेरी एक ख्वाईश तो पुरी नही कर सकती
तो जिंदगीभर साथ निभाने के सपने क्यूँ दिखाती हो?
मिलने तो नही आती तुम मुझसे,
तो अपने आपको शृंगार से क्यूँ सजाती हो?
मालूम है तुम्हे, मुझे मनाना नही आता
फिर भी तुम बेवजह मुझसे यूंही रूठ जाती हो..!
तुम मुझे किसीकी याद दिलाती हो
तुम मुझे किसीकी याद दिलाती हो

2. इतनी गहराई

इतनी गहराई, इतनी गहराई है..
मेरी तन्हाई मे,
के अगर तुम इनमे झॉंककर भी देखोगी..
तो डूब जाओगी..
और खुदको ढुंढ भी नही पाओगी..
अब बताओ,
मेरी जिंदगी मे रोशनी
तुम कहा से लाओगी?
कमजोर मत रहना,
वरना टूट जाओगी..
मुझे मालूम है, अगर
मैने जता दिया अपना प्यार..
तो तुम रूठ जाओगी..
आओगी अगर, तो कसम दो..
तुम वापीस नही जाओगी..
जाओगी अगर वापीस तो,
खुदको माफ कर नही पाओगी..
इतना प्यार करुंगा तुमसे
के
तुम सोच भी नही पाओगी

अगर तुम मेरे साथ
एक शाम हसीन बिताओगी..
तो तुम सिर्फ
हमारे प्यार के ही गीत गाओगी
अब बताओ,
तुम मेरे साथ आओगी
या पछतावे के साथ जाओगी?

3. ऐसे नजरे क्यूँ चुराती हो तुम मुझसे?

ऐसे नजरे क्यूँ चुराती हो तुम मुझसे?
मेरे नैन से नैन मिलाओगी,
तो रो दोगी क्या?
मेरे आँखों की गहराई मे डूब जाओगी क्या?
मेरा अंदर ही अंदर दबा हुआ प्यार खो दोगी क्या?
अपने जजबात आंसूओं मे बहा दोगी क्या?
मेरे पास आकर भी दूर क्यूँ खडी रहती हो तुम?
मेरा प्यार महसूस करने से डरती हो क्या?
मुझे देखकर भी अनदेखा क्यूँ करती हो?
मेरी तरफ देखोगी, तो खुदकी मुस्कान रोक नही पाओगी क्या ?
बोलना चाहती हो..
लेकिन फिर भी बोलती क्यूँ नही तुम मुझसे?
अपने प्यार का इजहार करने से डरती हो क्या?
मै एक बार मिलने को बुलाऊ क्या तुम्हे?
मुझसे मिलने आओगी क्या?
भगवान से मांगू तुम्हे..
तो फिर एक बार मिलोगी क्या?
मेरा माथा प्यार से चुमोगी क्या?
मेरे साथ जिंदगीभर चलोगी क्या?

मेरे खुशियो के दामन मे
खिलोगी क्या?
गले से लगाना चाहू तुम्हे,
तो मेरे गले लगोगी क्या?
बाहों मे अपनी महफूस रखना चाहू तुम्हे
तो रहोगी क्या?
चूप चूप रहती हो, मेरे साथ ख़ुशी से झुमोगी क्या?"

4. तुम भी दिल तोडकर जाओगी?

कहानियाँ मेरी मातमी है,
क्या इन्हें तुम सुन पाओगी?
मेरे ख्वाबों को शक्ल नही है
क्या तुम उन्हें देख पाओगी?
गहराई तो बहुत है मेरी शख्सियत मे
क्या तुम इसे नाप पाओगी?
लफ्ज तो बेजुबान है मेरे
क्या तुम मेरी खामोशी को समझ पाओगी?
नजरों से बोलती हो तुम बहुत
क्या पास आकर इज़हार कर पाओगी?
मै एक अंजाना दर्द हू
क्या तुम मेरा मरहम बन पाओगी?
नजर तो आती हो तुम हररोज
क्या तुम मेरे दिल मे आओगी?
या फिर,
तुम भी दिल तोडकर जाओगी?
तुम भी दिल तोडकर जाओगी?

5. तो शिकायत तुझसे नही

रुसवा अगर है तू मुझसे
तो शिकायत तुझसे नही
जा चुकी है तू मेरे रकिब के घर
तो शिकायत तुझसे नही
मै तेरा होकर भी
तू मेरी ना हो सकी
तो शिकायत तुझसे नही
वफादार तू मेरे रकिब की,
मै आवारा इश्क मे..
तो शिकायत तुझसे नही
रकिब मेरा खुशनसीब
नसीब मेरा बदनसीब
तो शिकायत तुझसे नही
जमाना गुलाम शोहरत का
तू जमाने मे शामिल
तो शिकायत तुझसे नही..
रात अकेली, मै उसका साथी
तू मुझसे दूर... रकिब की सोहबत मे
तो शिकायत तुझसे नही
पहले दिल, फिर नजरे..

और अब निंद भी चुरा ली तुमने
फिर भी शिकायत तुझसे नही
फिर भी शिकायत तुझसे नही

6. कोई चीजे अगर चुरा ले तो

कोई चीजे अगर चुरा ले तो,
खुदा तुम उसे माफ करना..
जिन्होने दिल चुराकर बेवफाई की,
उन्हें तुम तबाह करना..
झुटे वादे करके,
आधे रास्तों मे छोडकर जानेवालों को तुम
रक़ीबों से जुदा करना..
रक़ीबों से जुदा करके उन्हें तुम
आशिकों के दिलों मे कैद करना..
मोहब्बत की सुनवाई मे,
बेवफाओं को हिज्र की सजा करना..
चीजे चुरानेवाले चोरों तुम
खुदा का शुक्र अदा करना..
घरोघरों मे चोरी नही,
इश्क का काम मोहब्बत से करना..
चीजे चुरानेवालों को,
खुदा तुम माफ करना..
दिल चुरानेवाले बेवफाओं को
प्यार मे बर्बाद करना..

प्यार मे बर्बाद करना..

7. दिल से निकालकर

दुनियावाले इन्सान को चीज समझ बैठे है
ये कैसा अजब सा हिज्र है..
हम अपने माशुक को भगवान समझ बैठे है..
उन्हें मालूम भी नही,
इक नजर मे हम अपना दिल उन्हें दे बैठे है
हमारा इकरार हुआ आज नाकामयाब ही सही
चलो,
आज हम तुम्हारे खातीर अपने प्यार को
गलतफहमी का नाम दे बैठे है..
ये हमारे नजरों की गलतफहमी ही सही,
फिर भी हम उनसे प्यार बार बार कर बैठे है
उनके रक़ीबों ने हमे उनको
अपने दिल और दिमाग से निकाल ने को जो कहा,
दिल से निकालकर हम उन्हें
अपनी रुह मे शामील कर बैठे है..

8. जब जब पेडों पे कुल्हाड़ी चलती है

जब जब पेडों पे कुल्हाड़ी चलती है
मेरे सिने मे आग,
कलम से मेरे..
लाल स्याही टपकती है
जिंदगी से मौत,
मौत से जिंदगी मिलती है..
जब जब पेडों पे कुल्हाड़ी चलती है
मेरी लाश जितेजी जलती है..
रुह को मेरे ना शांती मिलती है,
धरती भी जोरों से हिलती है..
ना कोई फुल,
ना कोई कली,
अमन मे खिलती है..
जब जब पेडों पे कुल्हाड़ी चलती है
मेरी लाश जितेजी जलती है..
मेरी लाश जितेजी जलती है..

9. चलो कश्मीर

कितने भी आये आतंकी,
हम पीछे ना हटेंगे..
हम कश्मीर जाते थे..
कश्मीर जाते रहेंगे..
खौफ कितना भी बरसा दे बुज़दिल,
हम बुजदिलों का ना डरेंगे..!
दुश्मन की कायर गोली को
अपनी नंगी छाती पे झेलेंगे..
हम कश्मीर जाते थे..
कश्मीर जाते रहेंगे..
कश्मिरीयों के हम भाई है
भाई भाई हम अमन की कसमे खायेंगे..
ये हैवानो, जरा गौर से सुन लो
भारत के सिपाही तुम जल्लादों को
जल्द ही चीरने आयेंगे..
बोटी बोटी तुम्हारी उसी जगह पे वो मिट्टी मे गाडेंगे
हम कश्मीर जाते थे..
कश्मीर जाते रहेंगे..
मेहमान नही हम, ये ज़मीं हमारी है
ये नदी, ये वादियां हमारी है

आतंग तुम लोगो को लगी एका बिमारी है
हम कश्मीर आते थे
हम कश्मीर आयेंगे..!

10. मिट्टी से बनी मिट्टी

मिट्टी से बनी मिट्टी
मिट्टी को क्या खाक मिट्टी मे मिलायेगी?
लाशों को जलानेवाली आग
उम्मीदोभरी राख को क्या आग लगायेगी?
अपने ही अश्कों से भिगे हुये नैनों को
ये मामुली बरसात क्या भिगायेगी?
जो बरसो से ना सोया हो
उसे ये काली रात क्या सुलायेगी?
जिसने ना जगने की खायी हो कसम
उसे सूरज की ये किरण क्या जगायेगी?
वो वापस लौट के ना आनेवाली
क्या वापस लौट के आयेगी?
मिट्टी से बनी मिट्टी
मिट्टी को क्या खाक मिट्टी मे मिलायेगी?

11. आओ जरा तुम इश्क के मैदान मे

मरे हुये को क्या मारोगे तुम?
अरे ओ प्यार के दुश्मनो..
नफरत की आग लगाओगे?
इन्सानियत के प्रेमपत्र जलाओगे?
आ जाओ जरा तुम इश्क के मैदान मे
मोहब्बत की कसम..
मजनू के पैरोंतले कुचले जाओगे..
यहाँ पे जंग नही होती
होती है तो सिर्फ प्यार और इकरार की मशक्कत
आ जाओ जरा तुम इश्क के मैदान मे,
तुम्हे भी हिज्र का पसीना छुटेगा
तुम्हारा दिल भी दर्दभरे गीत गायेगा
तुम्हारी सांसों मे भी खुशबू फैलेगी इजहार की
और फिर बारिश होगी बेशुमार भी..
तमन्नाओं के फुल खिलेंगे
मिट्टी भी हंसने लगेगी..
मरे हुये को क्या मारोगे तुम?
अरे ओ प्यार के दुश्मनो..

आओ जरा तुम इश्क के मैदान मे..

12. ये जो आग लगायी है

ये जो आग लगायी है,
तुने मेरे सीने मे..
बता तू कब बुझायेगी?
ये जो उलझा दिया है तुने,
मुझे तेरे सवालो मे..
बता तू कब सुलझायेगी?
तेरा बदन..
जैसे सूरज की कोई तपती किरण..
मेरी रुह पे,
तू कब जगमगायेगी?
मेरा जहन ऐसे तडप रहा है
जैसे मछली तडपे पानी बिना..
अब बता तू मुझे,
तेरी ममताभरी बाहो मे कब सुलायेगी?
तेरे बिना फिरता हू मै आवारा
बता तू मुझे,
तेरा परवाना कब बनायेगी?
ये जो आग लगायी है,
तुने मेरे सीने मे..
बता तू कब बुझायेगी?

13. दिल का कुआ खाली था

दिल का कुआ खाली था
खाली ही रहेगा..
महबूब हमारा हमसे रुठा था
रुठा ही रहेगा..
अब ये दिल दरिया ही
क्यूँ ना बने..
मगर इन आँखों से अब
आंसू ना बहेगा..
दर्द-ए-हिज्र का समुंदर
खारा था
खारा ही रहेगा..
उसमे चाहतों का सुरज डुबा था
डुबा ही रहेगा
दिल का कुआ खाली था
खाली ही रहेगा..
महबूब हमारा हमसे रुठा था
रुठा ही रहेगा..

14. ये मासुमियत है तुम्हारी..

ये मासुमियत है तुम्हारी
या फिर तुम जानकर भी अंजान बनती हो?
जीनका जवाब नही है मेरे पास,
ऐसे सवाल क्यूँ करती हो?
मेरे नैनों से नैन मिलाकर
बवाल क्यूँ करती हो?
ये मासुमियत है तुम्हारी..
या फिर जानकर भी अंजान बनती हो?
मेरे प्यार को महसूस भी करती हो..
मेरे जजबातों को समझती भी हो
और फिर मुस्कुराकर इतराती भी हो..
ये मासुमियत है तुम्हारी..
या फिर तुम जानकर भी अंजान बनती हो?
जिस अंदाज से तुम मुझे नज़रअंदाज़ करती हो..
ये हया है तुम्हारी?
या फिर, तुम मुझे देखकर भी अनदेखा करती हो..
ये मासुमियत है तुम्हारी..
या फिर तुम जानकर भी अंजान बनती हो?
जीनका जवाब नही है मेरे पास,
ऐसे सवाल क्यूँ करती हो?

जीनका जवाब नही है मेरे पास,
ऐसे सवाल क्यूँ करती हो?

15. वो जो आते थे दबे पाँव हमारे दिल मे

वो जो आते थे दबे पाँव हमारे दिल मे
आज शायद रास्ता भूल गये...
सदियों से कर रहे है इंतजार हम उनका,
क्या वो ये छोटीसी बात भूल गये?
आना भी उनका, जाना भी उनका..
बेचारा ये खामोश दिल बोले भी तो कैसे?
शक्कर के माफीक बातें थी उनकी
आवाज पे उनके कोयल भी फिदा थी..
अदायें तो उनकी थी ही इतनी लाजवाब
वक्त भी ठहरता था एक झलक के लिये,
वो जो आते थे दबे पाँव हमारे दिल मे
आज शायद रास्ता भूल गये..

16. दिवाना बना दूंगा हर एक को

दिवाना बना दूंगा हर एक को
तो मेरा अभिजित नाम नही
बता दूंगा मै उसको
अब मेरा तुझसे कोई काम नही
खरीद सके जो मुझको
ऐसा कोई दाम नही
नशा चढा दे मुझको
ऐसा कोई जाम नही
इस कलयुग मे अब
सतयुग जैसा
कोई भी राम नही
बता दूंगा मै उसको
अब मेरा तुझसे कोई काम नही
आग लगा लुंगा मै खुदको
पर बुझने की अब बात नही
उसकी याद ना आये
मेरे जिंदगी मे ऐसी
कोई भी श्याम नही,
जबतक भुलुंगा ना उसको,
तबतक मेरे दिल को आराम नही

बता दूंगा मै उसको
तुझसे अब कोई काम नही
तुझसे अब कोई काम नही

17. नजरों से नजरे मिली

नजरों से नजरे मिली
और उस इक पल मे हमने जन्मों का प्यार कर लिया
तो क्या हुआ?
तुम मेरे रकीबो के साथ
मुझे अकेला छोडकर चली गयी
तो क्या हुआ?
हम फिर कभी मिलेंगे नही
तुम तो मेरे साथ सदा मेरी यादों मे रहोगी
तो क्या हुआ?
जाते वक्त तुमने मेरी तरफ पलट के नही देखा
तुम तो मुझे हमेशा याद करोगी..
तो क्या हुआ?
हम आज एक दुसरे के करीब ना आ सके
तू बता देना सबको,
तुझे छुये बिना, मैने तेरे दिल को छू लिया..!
नजरों से नजरे मिली
और उस इक पल मे हमने जन्मों का प्यार कर लिया

18. क्यूँ लिखू?

क्यूँ लिखू?
तुम पढती तो हो
लेकिन तारीफ नही करती हो
क्यूँ लिखू?
तुम महसूस करती तो हो
लेकिन इतराती बहुत हो
क्यूँ लिखू?
तुम ऐतबार करती तो हो
लेकिन शरमाती बहुत हो
क्यूँ लिखू?
तुम मुस्कुराती तो हो
लेकिन बताती कुछ नही
क्यूँ लिखू?
तुम जताती तो हो
लेकिन इकरार नही करती
क्यूँ लिखू?
तुम मुझपर मरती तो हो
मग इजहार नही करती
क्यूँ लिखू?

तुम पास आती तो हो
लेकिन दूर जाती बहुत हो

19. जब टूटेगा तुम्हारा दिल

जब टूटेगा तुम्हारा दिल
तब आंसू आयेंगे आँखो मे
तुम्हारे भी..
तुम्हारा रकिब थामेगा हाथ
जब किसी और का
तब जिगर मे आग लगेगी
तुम्हारे भी..
खुदके दिल पे पत्थर रखना पडेगा जब तुम्हे
मेरा दर्द तब महसूस होगा रुह को
तुम्हारे भी..
जब किचड उछाला जायेगा किरदार पर तुम्हारे
स्वाभिमान को ठेंस पहुचेगी..
तुम्हारे भी..
जुदा अगर कर दिया है
तुमने मुझको खुदसे..
तो कोई बात नही,
इश्क के पन्नो पे
नाम मेरा जुडेगा हमेशा साथ
तुम्हारे ही..!

20. आज फिर बर्बाद होने को जी चाहता है

आज फिर बर्बाद होने को जी चाहता है
यह दिल किसीपे मर मिटना चाहता है
जैसे ढलता सूरज समुंदर मे डुबना चाहता है
आज फिर बर्बाद होने को जी चाहता है
हां, यह दिल किसीपे मर मिटना चाहता है
जैसे कलम अपने अरमान कागद पे उतारना चाहता है
जैसे कोई अंधा अपने आँखो की रोशनी वापस चाहता है
आज फिर बरबाद होने को जी चाहता है
हां, यह दिल किसीपे मर मिटना चाहता है
आज फिर बरबाद होने को जी चाहता है

21. मेरी अधुरी नज़्म

मेरी अधुरी नज़्म आज तुम ही पुरी कर देना..
नज़्म पढते वक्त,
आँखों से आंसू आये तुम्हारे,
तो तुम खुद ही पोंछ लेना.
ख्वाब अधुरे लगे तुम्हे हमारे..
तो तुम ही मुकम्मल कर देना
नेरी अधुरी नज़्म आज तुम ही पुरी कर देना..
अकेलापन महसूस हो,
तो मेरी याद को तुम
अपने गले लगा लेना..
तुम्हे कुछ पच्छतावा हो,
तो तुम खुद को ही कोस लेना..
मेरी अधुरी नज़्म आज तुम ही पुरी कर देना..
झोका हवा का आये तो,
अपना दुपट्टा तुम संवार लेना..
अपनी झुल्फे तो
तुम बिलकुल भी बिगाड मत देना..
मेरी अधुरी नज़्म आज तुम ही पुरी कर देना..

www.ingramcontent.com/pod-product-compliance
Lightning Source LLC
LaVergne TN
LVHW022031200926
848481LV00007B/2644